AUTOUR DE CHRISTA WOLF

Tome 3

Martine Schnell

AUTOUR DE CHRISTA WOLF

Tome 3

Entre littérature et sciences

Christa Wolf et Jürgen Habermas

Septembre 2022

Editions SchnellTrad

Le lecteur trouvera dans ces pages, deux contributions relatives à l'œuvre de l'écrivaine allemande Christa Wolf (1929-2011). L'une retrace sa relation et sa correspondance avec le philosophe et sociologue allemand Jürgen Habermas et l'autre se veut une approche de ses réflexions sur le cancer en interaction avec la société.

L'auteur

Traductrice et formatrice indépendante à Mulhouse. Docteur en études germaniques de l'université de Haute-Alsace et de l'université de Leipzig; Membre de l'Institut de Langues et littératures européennes de l'université de Haute-Alsace; Thèse sur l'écrivain allemand Christa Wolf. (2003). Publications sur la littérature de RDA: *Lecture plurielle de l'œuvre de Christa Wolf*, Stuttgart: Ibidem-Verlag, 2004. Version allemande parue sous le titre, *Jetzt sind wir dran was jetzt geschieht geschieht uns. Christa Wolf im Spannungsfeld ihrer Vorgängerinnen und Zeitgenossen des 19. und 20. Jahrhunderts*. Stuttgart: Ibidem-Verlag, 2004.

SOMMAIRE

INTRODUCTION

ENTRE LITTERATURE ET SCIENCES.

POUR UNE APPROCHE INTERDISCIPLINAIRE DE LA LITTERATURE

Christa Wolf était une écrivaine hétéroclite. Outre ses essais et romans sur la littérature, les Romantiques ou la mythologie, elle a aussi mené une « réflexion critique (…) de longues années durant sur les sciences de la nature, parfois même sur la médecine « scientifique », à l'intérêt tout particulier [qu'elle] éprouve, même si c'est celui d'une non-spécialiste, pour un nouveau « mode de penser » pas seulement en politique, mais aussi dans les sciences – une pensée, qui, à partir de différentes disciplines, semble permettre une vision étonnamment modifiée des forces en action dans cet univers ainsi que des motivations à l'œuvre dans notre propre vie ».[1]

Cette citation est issue d'une conférence sur la thématique du cancer que nous allons évoquer plus tard dans ce fascicule. Elle montre les intérêts pluridisciplinaires et interdisciplinaires de l'auteure , dont ce petit fascicule se veut une amorce.

---

[1] Christa Wolf, *Cancer et société,* in *Adieu aux fantômes,* Paris, Fayard, 1996 , pp. 75-93. La citation évoquée se trouve p. 76.

9

ENTRE HISTOIRE, OPINION PUBLIQUE, AVENIR ET IDENTITÉ
DEUX AUTEURS DANS LE PROCESSUS DE RÉUNIFICATION DE L'ALLEMAGNE : CHRISTA WOLF ET JÜRGEN HABERMAS

Dans les années du "tournant", Christa Wolf a pris de nombreuses positions sur les évolutions de la RDA. Ses contributions, discours et entretiens illustrent des étapes dans le processus de bouleversement social de cette période, lorsqu'une société se retrouve "en accéléré".

A cette époque, l'auteur était également en contact avec le sociologue et philosophe Jürgen Habermas. Une rencontre commune s'est transformée en un échange de lettres, où les deux intellectuels se sont exprimés sur l'Histoire, la question de l'identité et l'avenir de l'Allemagne.

1) L'engagement de Christa Wolf et le concept d'opinion publique de Jürgen Habermas
a) *Im Dialog, Aktuelle Texte*

En avril 1990, Christa Wolf a publié quelques-uns de ses textes sur cette période - sous le titre *Im Dialog. Aktuelle Texte.* [2] Dans le prologue de ce recueil, elle s'exprime sur les événements de l'automne 1989 : "C'est vrai : ceux qui ont suivi ont fait l'histoire". Christa Wolf écrit également : "Je commente une chronique subjective des événements récents". Nous pouvons ainsi nous représenter une auteure qui a joué un rôle extrêmement important dans le processus de la Réunification allemande.

Le 31 août 1989, l'écrivaine a tenu un discours à l'Académie des arts de Berlin-Ouest. Ce discours était destiné à commémorer le cinquantième anniversaire de l'invasion de la Pologne par l'Allemagne, mais l'auteure a insisté pour que les contradictions croissantes en RDA soient mentionnées dans ce discours.

En septembre 1989, le nombre de réfugiés de la RDA ne cesse d'augmenter. Le 11 septembre, à la fin d'une prière pour la paix, une grande manifestation a lieu dans l'église Saint-Nicolas de Leipzig. Les premières manifestations révolutionnaires

---

[2] Christa Wolf, *Im Dialog, Aktuelle Texte,* dtv, Luchterhand, Munich 1994; les citations proviennent du prologue *Nachtrag zu einem Herbst,* p .7-16.

apparaissent dans les grandes villes d'Allemagne. Chaque semaine, des milliers de manifestants se réunissent au sein de l'église Saint-Nicolas de Leipzig au nom du *Neues Forum*. Parmi les manifestants, deux attitudes se dégagent, certains veulent quitter le pays et d'autres, au contraire, veulent promouvoir la reconnaissance des droits civiques dans le pays. Leurs slogans l'illustrent : "Nous restons ici", "Nous voulons sortir".

Dans ce contexte, plusieurs mouvements citoyens se forment comme *Le Renouveau démocratique, Démocratie maintenant (Demokratie jetzt...).*

"Tout au long du mois de septembre, notre inquiétude grandissait face à une confrontation violente entre le pouvoir incapable d'apprendre et les groupes de personnes qui se rassemblaient depuis longtemps et qui commençaient à se constituer en opposition et à descendre dans la rue", rapporte Christa Wolf. Début octobre, d'autres manifestations sont organisées, pour l'introduction de réformes en RDA. A cette date, ces manifestations perturbent le quarantième anniversaire de la création de la RDA. Laissons Christa Wolf s'exprimer : "Le quarantième anniversaire de la RDA avait lieu- avec une participation internationale et un grand tapage. La ville de Berlin était encore plus protégée et plus visible que d'habitude lors d'événements similaires. La tension montait sensiblement".

L'auteur poursuit- « dans la nuit du 7 octobre, des barrières ont été installées autour de l'église de Gethsémané à Berlin par des cordons de police, après que des combats de rue ont eu lieu dans le centre-ville. Le 8 octobre, des personnes se trouvent à nouveau devant l'église de Gethsémané. L'auteure le remarque lorsqu'elle souhaite se renseigner auprès de la préfecture de police sur le sort de sa fille, qui, comme de nombreux autres manifestants, a été arrêtée dans la nuit. Le même jour, Christa Wolf s'entretient avec le spécialiste en littérature Gerhard Rein à Berlin-Ouest, et cet entretien est diffusé le soir même à la radio allemande. Le 9 octobre est un jour décisif où une grande manifestation autorisée de 70 000 personnes est prévue à Leipzig ; Christa Wolf se trouve à Moscou. Tout le monde s'attend au pire, mais pour la première fois, les forces de l'ordre font preuve de retenue face aux manifestants : "Le soulagement, oui, je l'ai éprouvé, inoubliable, tard dans la soirée du 9 octobre dans ma chambre d'hôtel moscovite, lorsque, préparée au pire, j'ai demandé à voir Leipzig, et que j'ai eu la réponse par téléphone : Cent mille manifestants dans les rues, et rien ne s'est passé. Un moment de pur bonheur", raconte Christa Wolf. Ces manifestations tentent de faire réagir le gouvernement, le peuple exerce sa pression. "Cela mériterait une étude à part entière sur ce qui, en fait, avant et après le soi-disant « tournant », a réduit ou anéanti l'estime de soi, la fierté, la dignité de nombreux citoyens de la RDA. "Nous sommes le peuple" - un bref moment historique durant lequel le peuple, apparemment sûr de son identité, était souverain et sujet de sa propre histoire. "Nous sommes un peuple !", serait-ce vraiment la forme aggravante ?". Avec cette question ouverte, Christa Wolf reprend les mots d'un slogan bien connu de l'automne 1989.

Des milliers de personnes manifestent le 4 novembre sur l'Alexanderplatz à Berlin pour la liberté de la presse et pour des élections libres. "Mon nom figurait déjà sur une liste d'orateurs, je devais parler de la "langue du tournant", j'ai donc commencé à collecter des slogans et des mots d'ordre des manifestations de la rue (à cette occasion : le "Wendehals" n'est pas non plus de mon invention), je me suis souciée du déroulement pacifique des manifestations". Dans ce discours sur l'Alexanderplatz, Christa Wolf a déclaré : "Incroyables transformations. Le "peuple de l'État de la RDA" descend dans la rue pour se reconnaître en tant que peuple. Et c'est pour moi la phrase la plus importante de ces dernières semaines - le cri mille fois répété : Nous - sommes - le - peuple ! Une simple constatation. Nous ne voulons pas l'oublier1". Ce slogan, que Christa Wolf place ici au centre, contient quelque chose de paradoxal. La RDA est une république démocratique et le peuple doit justement affirmer sa souveraineté. La Constitution de la RDA, révisée en 1974, stipule :

Article 6 : "Fidèle aux intérêts du peuple et aux engagements internationaux, la République démocratique allemande a éradiqué sur son territoire le militarisme et le nazisme allemands [...]"[3].

Le 21 novembre, Christa Wolf donne une conférence à l'université de Leipzig, qu'elle conclut par ces mots :
"La poursuite des changements révolutionnaires dans notre pays est, comme (elle) le sait, en de bonnes mains avec les habitants de Leipzig".

---

[3] *Sprache der Wende. Rede auf dem Alexanderplatz.* In: *Christa Wolf im Dialog,* Luchterhand, pp.119-121.

Ces impulsions poussent cette dernière à collaborer, le 26 novembre, à l'appel *Für unser Land* (Pour notre pays). Depuis l'ouverture du mur, on ressent un net changement dans les manifestations de masse. Ce changement est en faveur de l'unification des deux États allemands. Avec l'appel *Für unser Land*, des intellectuels de premier plan de la RDA, parmi lesquels Christa Wolf, Stephan Heym, prennent leurs distances et tentent d'éviter la Réunification. Dans cet appel, ils demandent une réforme et non l'abolition du système. Mais Christa Wolf avoue : "C'était trop tard. Le soir même, le chancelier fédéral annonçait son programme en dix points pour la réunification allemande - nous n'avions pas pu le prévoir". L'ambiance change - un indicateur du changement d'humeur et d'opinion qui s'est poursuivi ensuite dans d'autres villes : "Deutschland einig Vaterland" souligne Christa Wolf. Le rapprochement des deux États devient de plus en plus évident. Le slogan que nous venons d'évoquer reprend des mots de l'hymne de la RDA de Johannes R. Becher. Ivan Nagel écrit dans un article du journal *Süddeutsche Zeitung*, quelques remarques sur l'effet de ces slogans, que je trouve opportunes pour conclure ce paragraphe :

"Wir sind das Volk" (Nous sommes le peuple) : cette blague qui fait rire et pleurer, la plus belle (intellectuellement parlant) de l'histoire allemande, n'était pas une glorification du mot "peuple" - mais d'abord sa destruction sereinement mortelle. Elle a frappé les bonzes qui, dans des "républiques populaires" bruyantes (dans leur "république démocratique"), avaient célébré et profané ce mot mille fois.

Le 11 octobre 1989, le Politburo du SED l'usurpait encore : "Le peuple de la République démocratique allemande a choisi le socialisme pour toujours". (...)

Ce n'est que dans "Wir sind ein Volk" que "le peuple" a été glorifié, qu'il s'est glorifié lui-même ".[4]

b) La participation de Christa Wolf à la "Table ronde".

Le 9 octobre 1989, Christa Wolf[5] a eu l'idée de la "Table ronde" en tant que lieu de rencontre et de dialogue. C'est elle qui a introduit le concept de "table ronde" en RDA. Ce concept démocratique existait déjà, en Pologne, par exemple.

---

[4] *Süddeutsche Zeitung,* 22 /23 Décembre 1990.

[5] Se référer à URL: https://www.ddr89.de/zrt/ZRT.html Site consulté le 30.07.2022

Le 7 décembre 1989, des représentants des gouvernements de la RDA, des partis et des organisations religieuses se sont réunis pour la première fois à Berlin-Est pour des discussions autour d'une "table ronde". On y a parlé de l'avenir de la RDA, de la fin du SED ou encore d'une nouvelle Constitution.

Des mouvements citoyens et des représentants des églises étaient présents. Ils voient dans la "Table ronde" une instance de contrôle qui conseille et contrôle le gouvernement de Hans Modrow jusqu'à ce que des élections législatives libres soient organisées, mais qui émet aussi des propositions.
Leur objectif est une RDA démocratique.[6]

Jusqu'en mars 1990, la " Table ronde " se réunissait chaque semaine à Berlin-Est. Au niveau local en RDA, des "tables rondes" locales ont également été créées.
Ce concept préfigurait la notion de nouvelle Constitution allemande, sur laquelle Jürgen Habermas et Christa Wolf se

---

[6] Petschow, Annabelle: Der Runde Tisch, in: *Lebendiges Museum Online, Stiftung Haus der Geschichte der Bundesrepublik Deutschland,* URL:http://www.hdg.de/lemo/kapitel/deutsche-einheit/weg-zur-einheit/der-runde-tisch.html Site consulté le 30.07.2022.

pencheront à Francfort.

c) Le concept de sphère et d'opinion publique chez Jürgen Habermas

Il convient de souligner que la "table ronde" dont nous venons de parler, ainsi que la tentative de rédiger une nouvelle Constitution, sont en grande partie le fruit de l'initiative de mouvements citoyens. En ce sens, on peut mentionner la notion d'opinion publique chez Jürgen Habermas. Dans sa thèse d'habilitation "Strukturwandel der Öffentlichkeit" (1962), Habermas a étudié et analysé le concept de "sphère publique" ou d'"espace public". Il s'appuie sur la société des Lumières des 17e et 18e siècles. Dans l'espace public, la bourgeoisie a un rôle de médiation face au pouvoir de la société dominante. Mais ce concept est valable pour toutes les époques, y compris pour la société actuelle. Alain Létourneau (2001) a synthétisé ce concept phare, en soulignant sa filiation avec la tradition kantienne :

"L'espace public", écrit-il[7], "est un rassemblement de personnes, de particuliers, qui se réunissent pour discuter de questions d'intérêt commun. Cette idée trouve son origine dans l'émergence des espaces publics dans l'Europe moderne. Il s'agit d'espaces publics bourgeois qui font contrepoids aux pouvoirs absolutistes. Ces espaces ont pour objectifs de médiatiser la société et l'État en rendant l'État responsable devant la société par le biais de la publicité".

C'est pourquoi je tiens à souligner que l'on retrouve ce concept d'espace public et de d'opinion publique aussi bien chez Jürgen Habermas que chez Christa Wolf.

---

[7] Létourneau, Alain., « Remarques sur le journalisme et la presse au regard de la discussion dans l'espace public», *in* Brunet, P.-J., *L'Éthique dans la société de l'information*, Québec/Paris, Presses de l'université Laval/L'Harmattan, 2001, p. 47-71.

2) L'avenir culturel et la question de l'identité

a) La rencontre de Christa Wolf avec Jürgen Habermas à Francfort

Christa Wolf a rencontré Jürgen Habermas en juin 1991 à Francfort. Elle a participé avec lui à une rencontre à la Pauluskirche les 15 et 16 juin. Le thème de la rencontre était l'avenir de la "table ronde".[8] Il s'agissait plus précisément d'un congrès du "Kuratorium für einen demokratischen verfassten Bund deutscher Länder". Il est étrange et important que les deux intellectuels (du point de vue de l'Est et de l'Ouest) aient participé à ce congrès. L'objectif était de créer une nouvelle Constitution allemande après la dissolution de la RDA. Un journaliste de l'époque écrivait à ce sujet : "Le succès ou l'échec du congrès organisé aujourd'hui et demain dans la Pauluskirche de Francfort, lieu chargé de tradition, par le "Kuratorium für einen demokratisch verfassten Bund deutscher

---

[8]   La rencontre est évoquée *in* : *Man steht sehr bequem zwischen allen Fronten.* Christa Wolf, Briefe, Ed. Sabine Wolf, 1952-2011, Suhrkamp, 2016, p. 681.

Länder", sera déterminant pour savoir si l'on pourra saisir la chance de faire en sorte que notre peuple s'informe lui-même sur ses intentions d'institutionnaliser des intérêts dans une Constitution renouvelée.[9] Les choses étant ce qu'elles sont, il est difficile de prévoir si le projet aboutira".[10]

Pourtant, la tentative d'une nouvelle Constitution a échoué. Après le congrès, Christa Wolf a été invitée à dîner chez Jürgen Habermas et sa femme. Ils auraient discuté jusqu'à tard dans la nuit.

b) La correspondance

L'échange de lettres est très peu abondant et est, pour cette raison, peu pris en compte par les chercheurs.[11] Il y a à chaque

---

[9] En tant que membre de la „Table Ronde" où est traité le projet de nouvelle Constitution, Christa Wolf a pour mission de rédiger un préambule à cette Constitution. Celui-ci sera refusé par la Chambre des députés. Se référer à ce propos au livre de Birgit, Dahlke: *Christa Wolf (1929-2011), Antifaschistin – Humanistin – Sozialistin,* Würzburg, Königshausen und Neumann, 2019, p. 60. L'auteur fournit des renseignements détaillés sur le rôle de Christa Wolf durant les événements de 1989, se reporter au chapitre dédié de l'ouvrage, pp. 58-62.

[10] Voir le lien : https://www.nd-aktuell.de/artikel/311431.vom-grundgesetz-zur-deutschen-verfassung.html (consulté le 29.07.2022).

[11] En 2020, Peter Neumann a donné une conférence à Weimar sur les relations entre Christa Wolf et Jürgen Habermas, une des rares contributions à ce sujet. Voir le lien : https://blog.klassik-stiftung.de/peter-neumann-im-interview/

fois une lettre de Jürgen Habermas et la réponse de Christa Wolf. Jürgen Habermas écrit à Christa Wolf parce qu'il a été invité par elle à participer à un débat sur l'avenir de l'Académie des Arts à l'Est et à l'Ouest, en tout cas pas en tant qu'orateur, mais il était présent dans le public. Il a alors écrit une lettre à Christa Wolf le 26 novembre 1991. Il y aborde des thèmes comme l'histoire allemande, la culture et l'identité.

Christa Wolf a invité Jürgen Habermas à un débat à Berlin en novembre 1991. Il s'agissait de l'avenir des deux Académies des Arts du côté Est et Ouest. Jürgen Habermas n'a pas participé au débat en tant qu'orateur, mais était assis dans le public. Il a écrit dans sa lettre du 26 novembre, que les personnes de l'Ouest qui étaient présentes, avaient l'impression d'être des spectateurs de cette scène. Il a lui-même été très marqué par la question de "l'heure zéro" qui a été débattue. Il s'agissait d'une « heure zéro » dans l'ancienne RDA et en Allemagne, après la réunification. Mais le terme "heure zéro" renvoie aussi à la fin de la Seconde Guerre mondiale et au nouveau départ voulu. C'est aussi une question de génération. Christa Wolf et Jürgen Habermas sont tous deux nés en 1929 et ont donc vécu la guerre dans leur jeunesse, l'une à l'Est, l'autre à l'Ouest. Dans sa lettre, Habermas écrit qu'il peut comprendre les sentiments et le besoin d'une « heure zéro » pour les

Allemands de l'Est, le "vieux bagage" faisant partie du passé. Il écrit également sur les aspects politiques de l'unification, sur l'adhésion de la RDA à la RFA. Un nouveau départ, selon Habermas, serait une régression vers le passé (comme après la guerre).

Il aborde également le problème de l'émigration économique de l'Est vers l'Ouest et la remise en question de l'État social.

Habermas évoque ensuite son livre "Vergangenheit als Zukunft" (Le passé comme avenir), qu'il avait envoyé à Christa Wolf. Il y aborde la RDA et son héritage négatif.

Il cite ensuite les "Thèses d'une Académie des Arts unifiée" que Christa Wolf lui avait remis à la fin du débat. Il y est question de la thèse de la convergence, que Habermas rejette.

Les thèses mentionnent une séparation de l'identité et de la culture entre le côté Est et Ouest. A l'Est, mais aussi à l'Ouest, il fallait ainsi s'adapter. Habermas n'est pas d'accord pour dire qu'il fallait également s'adapter à l'Ouest. Il réfléchit à l'identité est-allemande après 1945. Dans ce contexte, il insiste sur le fait que Christa Wolf et lui sont de la même génération en ayant la même année de naissance et qu'ils ont les mêmes "trames d'enfance"[12] face à la guerre et au nazisme.

---

[12] Allusion au roman *Trame d'enfance* de Christa Wolf, paru en 1976.

Habermas souligne également qu'il partage les idées de l'identité est-allemande, dans la mesure où il se considère également comme un antifasciste et aurait pu vivre à l'Est. Il a certes fait sa thèse sous la direction d'Adorno, qui fait office d'intellectuel marxiste. Il met particulièrement en avant l'influence de la culture et de l'identité est-allemande (Freud, Adorno, Dewey, Durkheim, Hegel...). Il fait référence à son ami Albrecht Wellmer. Ce dernier estimait que les idées de l'Occident avaient contribué à la redécouverte d'une identité allemande après la guerre.

Enfin, Habermas considère l'histoire de la RDA et de l'Allemagne comme un destin commun. Mais, selon lui, chacun doit définir son propre destin. Il remercie ensuite l'initiative des rencontres à l'Académie des Arts.

C'est justement dans un contexte d'une opinion publique défectueuse. Et cela renvoie précisément à sa théorie de l'espace public déjà mentionnée.

Dans une lettre du 7 décembre 1991 , Christa Wolf lui répond. Elle aborde quelques points que je vais résumer ici.

Elle est d'avis que « les bagages de l'histoire » sont de plus en plus lourds et qu'ils ne sont pas plus légers qu'avant l'unification. Elle considère ensuite qu'une « heure zéro » après l'unification est une illusion. Elle s'interroge également sur l'évolution de l'Allemagne de l'Est, sur le parcours des jeunes, sur la culture politique.

Puis elle revient sur une phrase de Habermas dans son essai "Le passé comme avenir". Elle lui donne sa propre réaction. Selon elle, Habermas craint d'être rejeté par les intellectuels de l'Est. Elle souligne certes qu'elle l'avait déjà remarqué lors de sa visite chez lui à Francfort. Elle cite Margarete Mitscherlich, qui a également évoqué cette crainte. Les réactions à la phrase de l'article venaient peut-être de l'ignorance des conditions à l'Est. Elle mentionne ensuite l'évolution après l'époque nazie à l'Est et à l'Ouest.

Christa Wolf évoque également le fait qu'en RDA, elle avait accès à la littérature de l'Ouest, sinon il lui aurait été impossible de continuer à y vivre . Elle s'est en effet, beaucoup intéressée à la psychologie, à Freud, Reich et Mitscherlich. Elle admet également que les auteurs avaient des "traditions différentes" en RDA et en RFA.

L'auteure revient ensuite sur l'une de ses idées directrices concernant les thèses de l'Académie des Arts, à savoir la force d'aide de l'écriture pour surmonter les conflits. Elle affirme en effet : "La littérature m'a aidée, écrire n'admet pas le mensonge, car sinon on est bloqué.[13]

La littérature de l'Ouest l'a également beaucoup intéressée et elle a le sentiment qu'à l'Est, on en sait plus sur l'Ouest.

A la fin de la lettre, elle évoque les débats ultérieurs de l'Académie et propose d'inviter Habermas pour l'année suivante.

Elle évoque également l'entretien du 19 décembre 1992, assuré par Lothar Baier. Elle lui aurait envoyé la lettre de Jürgen Habermas. Elle va essayer d'inviter Claus Offe et Albrecht Wellmer pour le 19 décembre.

Enfin, à cette date, le philosophe Dieter Heinrich a donné une conférence sur le thème "Intellectuels ouest-allemands de 1945 à 1991". L'essayiste Lothar Baier a assuré la conférence d'introduction. Habermas considère ce dernier comme "l'un des représentants occidentaux de « l'étrange thèse de la convergence ».[14]

---

[13] Christa Wolf, *Adieu aux fantômes*, Fayard, op.cit., p. 108.

[14] Christa Wolf, *Briefe, 1952-2011, Man stehe sehr bequem zwischen allen Fronten*, Suhrkamp, 2016, pp. 676-680, ici p.679.

Conclusion

L'échange entre Jürgen Habermas et Christa Wolf s'articule autour de la théorie de l'opinion publique. Que ce soit lors de leur rencontre à Francfort ou dans leurs échanges épistolaires, ils abordent la question du passé de la guerre, le processus d'unification et la division de l'identité entre l'Est et l'Ouest. Il s'agit des efforts d'une nouvelle recherche d'identité après le tournant de 1989. Il serait intéressant d'examiner de plus près cet échange sous l'angle de la recherche de sources historiques. On pourrait également envisager la question de la formation et de l'éducation des jeunes en RDA. L'ensemble des lettres sur la question de l'éducation, adressées à Christa Wolf à l'époque de la RDA, constituerait à cet effet, une base de travail appropriée.[15]

---

[15] Voir le lien https://d-nb.info/1253969167/34 (consulté le 1er septembre 2022).

Ouvrages et sites consultés

DAHLKE, Birgit : *Christa Wolf (1929-2011), Antifaschistin – Humanistin – Sozialistin,* Würzburg, Königshausen und Neumann, 2019

GROSSER, Dieter, BIERLING Stephan und NEUSS Beate (Ed.): *Deutsche Geschichte in Quellen und Darstellung.* Bd. 11, *Bundesrepublik und DDR 1969-1990,* Stuttgart, 1996.

WOLF, Christa Wolf, *Briefe, 1952-2011, Man stehe sehr bequem zwischen allen Fronten,* Suhrkamp, 2016

Sites :

https://www.ddr89.de/zrt/ZRT.html Site consulté le 30.07.2022.
http://www.hdg.de/lemo/kapitel/deutsche-einheit/weg-zur-einheit/der-runde-tisch.html Site consulté le 30.07.2022.
https://blog.klassik-stiftung.de/peter-neumann-im-interview/ (Site consulté le 01.07.2022)
https://www.nd-aktuell.de/artikel/311431.vom-grundgesetz-zur-deutschen verfassung.html (Site consulté le 29.07.2022).

A PROPOS DE LA CONFERENCE
« CANCER ET SOCIETE » DE CHRISTA WOLF
EN OCTOBRE 1991

Christa Wolf s'intéressait de près aux questions littéraires et de société. Le 24 octobre 1991, elle prononça une conférence à Brême, devant le Congrès de la Société allemande du cancer.
Au début de cette conférence, elle évoque une « réflexion critique (…) menée de longues années durant sur les sciences de la nature, parfois même sur la médecine « scientifique », à l'intérêt tout particulier [qu'elle] éprouve, même si c'est celui d'une non-spécialiste, pour un nouveau « mode de penser » pas seulement en politique, mais aussi dans les sciences – une pensée, qui, à partir de différentes disciplines, semble permettre une vision étonnamment modifiée des forces en action dans cet univers ainsi que des motivations à l'œuvre dans notre propre vie. »[16]

Ainsi pour Christa Wolf, au-delà de la littérature, l'intérêt pour les sciences contribue à mieux comprendre sa vie et son

---

[16] Christa Wolf, *Cancer et société,* in *Adieu aux fantômes,* Paris, Fayard, 1996 , pp. 75-93. La citation évoquée se trouve p. 76.

identité. Durant sa conférence sur le cancer, nous pouvons relever trois axes que nous allons évoquer ici. Ces axes de réflexion sont les représentations de la maladie, la transgression de la normalité, un rapprochement entre la science et l'art.

1) Les représentations de la maladie

Christa Wolf justifie son allocution par le fait qu'elle ait connu des personnes atteintes du cancer, comme par exemple son amie, l'écrivaine Maxi Wander. Dans son œuvre, cette dernière s'est interrogée sur la capacité de supporter la vérité face à la maladie. Christa Wolf s'interroge également sur le fait que les relations soient modifiées avec les personnes malades. Cette modification des relations permet d'aborder le thème des représentations de la maladie.

L'auteur se représente le cancer également à traves la littérature. En effet, elle évoque son propre roman *Christa T.,* dont l'héroïne meurt de leucémie. Parfois la critique avait fait l'analogie de cette mort, face aux conditions de vie en RDA. Des livres comme *Le pavillon des cancéreux* de Soljenitsyne ou *Mars* de Fritz Zorn furent très importants pour elle. Le livre de Maxi Wander *Vivre serait une chouette alternative* constitue le témoignage d'une amie atteinte de cancer. Christa Wolf évoque également un enfant atteint du cancer, voulant absolument figurer dans le *Guinness Book* pour sa collection de cartes postales. Ce serait peut être à interpréter comme un échappatoire à la maladie.

En outre, une représentation médicale est mise en avant par l'évocation des trois piliers du soin (les piliers rappellent la symbolique du temple grec : opération, rayons, chimiothérapie). Dans ce contexte on peut s'interroger sur la valeur de la vérité face à la maladie. Souvent celle-ci provoque plusieurs étapes que l'on peut caractériser par les mots clés suivants : défense, dénégation, abandon, normalité des médecins. Ce concept de « normalité des médecins » est justement véhiculé par les représentations de la maladie. On peut alors se demander comment définir le concept de normalité face à la maladie.

2) La transgression de la normalité

Christa Wolf évoque des citations du vécu de Maxi Wander pour décrire la position de certains médecins face au cancer. Ainsi, elle cite les affirmations suivantes : "Ce que les médecins disent dans les jours qui suivent ne renvoie pas seulement au cancer, les choses sont claires à présent, mais révèle qu'ils n'en ont pas encore mesuré toute l'ampleur. Je peux le deviner aux phrases lapidaires que je leur arrache peu à peu. Pourquoi ne regardent-ils pas les gens? Pourquoi est-il impossible de mieux expliquer au malade où il en est?"[17]

Ainsi, face à la maladie, le patient doit se conformer à une sorte de « normalité des médecins ». Face à la maladie, on peut observer un phénomène de hors-norme.

Mais, comment définir la normalité ? La question de la normalité est une question culturelle, scientifique et sociale. En psychopathologie, on distingue trois types de normalité : la normalité comme norme sociale, la normalité comme idéal et enfin la normalité comme absence de maladie. Georges Canguilhem définit un autre concept, celui « d'anomalie ». Ce serait un concept qui se laisse voir en se dégageant de l'ensemble lisse et unit qui l'entoure. Cette anomalie peut être observée. C'est cette anomalie qui intéressera la psychiatrie et la psychologie. Mais parler d'anomalie ou de norme renvoie à un jugement.

De plus, la normalité et le pathologique sont toujours difficile à cerner de nos jours. On peut se demander si certains comportements relève du normal ou du pathologique.

---

[17] In Christa Wolf : *Adieu aux fantômes, op. cit.* pp. 80-81.

Ainsi, Georges Canguilhem se base sur des travaux du sociologue et philosophe Auguste Comte et sur les réflexions de Claude Bernard. Canguilhem se demande si la pathologie n'est pas une modification quantitative de la normalité. Il affirmera que lorsque qu'une personne est malade, elle

est devenue autre. Le pathologique est une infraction à la norme, à la normalité.

Auguste Comte insiste sur la connaissance du normal dans la vie. Claude Bernard parle d'harmonie et de milieu.

La limite entre la normalité et le pathologique n'est pas évidente. C'est pourquoi Canguilhem évoque le concept d'erreur.

Par ailleurs, la normalité se définit aussi par la norme pathologique ou scientifique. L'état normal d'une personne, d'un organisme peut se définir par son état qui s'adapte au pathologique de la maladie.

Dans ce contexte d'adaptation, Christa Wolf cite précisément Arno Gruen, psychanalyste, psychologue et écrivain germano-suisse (1923-2015), auteur d'une étude intitulée *Le délire la normalité*. Cette pathologie de l'adaptation évoque une certaine culpabilité, un retour d'amour des parents, une anormalité. Ainsi l'auteur avance la thèse que la normalité dans laquelle nous vivons nous fait réagir de façon inappropriée face au cancer. Christa Wolf cite également Georges Grodeck, médecin et correspondant de Freud, qui fut le fondateur de la psychosomatique. Ainsi l'instance psychanalytique du « ça », serait responsable de maladie comme le cancer, qui laisserait l'inconscient s'exprimer par la maladie. Christa Wolf cite aussi Parcelse, qui affirme que « Le degré suprême de la médication, c'est l'amour ».[18]

3) Rapprochement entre sciences, art et littérature

Le médecin est tel un artiste qui a de l'inspiration. Il considérera et utilisera aussi des termes et expressions issus aussi de la littérature pour comprendre le cancer : on peut s'attendre à des mots comme respect, méditation, compréhension, empathie.[19] Le médecin se basera sur la réalité, alors que l'artiste ou l'auteur peut avoir recours à

---

[18] *Ibid.* p. 88. En 1984, Christa Wolf a effectué un discours à un congrès de psychosomatique en présence de gynécologues, dont le thème était la médecine psychosomatique. Le titre de l'intervention était : « Maladie et privation d'amour ». Ce texte a été analysé dans l'ouvrage de Sonia Combe et Antoine Spire : *Maladie et privation d'amour. De Christa Wolf à Canguilhem, pour un retour à la clinique*, Lormont, Le bord de l'eau, 2017, 156 p.
Par ailleurs, une émission radiophonique a également été consacrée à cette thématique sur France Culture :
https://www.radiofrance.fr/franceculture/podcasts/matieres-a-penser-avec-rene-frydman/hommage-a-christa-wolf-et-georges-canguilhem-2131613
[19] In : *Adieu aux fantômes, op.cit.* p. 88.

l'imaginaire. Cet imaginaire se retrouve dans le langage quotidien et dans la métaphore.

Ainsi, Fritz Zorn, auteur de *Mars*, atteint lui-même de cancer, parle de cette pathologie comme « maladie névrotique », la tumeur sont des larmes ravalées, le cancer est une maladie psychique.[20]

Le cancer va la plupart du temps, déclencher la peur. Une métaphore appropriée, est celle de Heinrich Böll a propos d'un personnage de Soljenitsyne : « cet homme est une tumeur cancéreuse de la société ».[21]

Le mot cancer est très présent au quotidien, dans la presse. Christa Wolf cite des titres comme « On a découvert le facteur qui favorise le cancer du sein » ou « La grande énigme du cancer ». Puis Christa Wolf cite la romancière américaine Grace Paley qui affirme que « des maladies cancéreuses sont provoquées par un mode de vie inapproprié ». Il existerait une « personnalité cancéreuse ».

Christa Wolf met également en avant que des psychologues ont avancé que « le cancer [serait] une maladie féminine. Ainsi, la personnalité cancéreuse serait quelqu'un qui s'efforce de s'adapter, affichant une tendance à la dramatisation, à la

---

[20] *Ibid.* p. 82.
[21] *Ibid.* p. 84.

résignation et au découragement, à la conduite obsessionnelle, et un « pseudo-altruisme ». Ces personnes auraient un manque de confiance en soi, un refoulement des émotions pour faire bonne figure devant les autres, c'est comme un personnage schizophrène du Dr. Jekyll et Mr Hyde. C'est en effet une métaphore appropriée pour aborder la maladie.

En conclusion, le cancer a diverses représentations, permettant un dépassement de la normalité. Ainsi le rôle de l'écrivain, de l'artiste et du médecin se rejoignent. Ayant été confrontée à une maladie grave, Christa Wolf nous a fait comprendre par divers exemples que si une personne est proche de la mort, cela lui permet de mieux comprendre sa vie Elle cite le livre de Jeanne Achterberg[22] : *Guérison par la force de la pensée* . Dans ce contexte, la force de la pensée fait évoluer la science.

---

[22] Psychologue américaine (1942-2012), elle-même décédée du cancer, elle fut connue pour sa théorie de la visualisation.